Inhalt

W0033567

Ein Nilpferd schlummerte im Sand

Gedichte für Tierfreunde

Herausgegeben von
Anton G. Leitner und
Gabriele Trinckler

Mit Illustrationen von
Reinhard Michl

Deutscher Taschenbuch Verlag

Von Anton G. Leitner und Gabriele Trinckler
ist im Deutschen Taschenbuch Verlag erschienen:
Gedichte für Nachtmenschen (13726)

Von Anton G. Leitner
sind im Deutschen Taschenbuch Verlag erschienen:
Die Arche der Poesie (13561)
SMS-Lyrik (62124)
Zum Teufel, wo geht's in den Himmel? (62228)
Zu mir oder zu dir? (62341)

Originalausgabe
April 2009
Deutscher Taschenbuch Verlag GmbH & Co. KG,
München
www.dtv.de
© 2009 Deutscher Taschenbuch Verlag, München
Umschlagkonzept: Balk & Brumshagen
Umschlagbild: Reinhard Michl
Gesetzt aus der Bembo 10/12´
Satz: Greiner & Reichel, Köln
Druck und Bindung: Druckerei C. H. Beck, Nördlingen
Gedruckt auf säurefreiem, chlorfrei gebleichtem Papier
Printed in Germany · ISBN 978-3-423-13754-6

Paul Maar

Der Tintenfisch schreibt ein Gedicht.
Die Tinte kleckst, das stört ihn nicht.

Kleine Schnecke,
an der Hecke

Friedrich Rückert

Die Eintagsfliege am Johannistag

Mit dem ersten Strahl der Sonne
Bist du weislich aufgestanden,
Daß von deines Tages Wonne
Dir kein Teilchen komm' abhanden,

Flüchtigste vom Stamm der Fliegen,
Leichtbeschwingtes Eintagskind!
Aus des Morgens Duft gestiegen
Und verweht vom Abendwind.

Weil bestimmt zu deinem Leben
Vom Geschick ein Tag dir war,
Hat es milde dir gegeben
Diesen längsten Tag im Jahr.

Sei der Tag dir still und helle,
Weil du keinen zweiten hast;
Unversiegt des Taues Quelle,
Wind und Sonne nicht zur Last!

Keine Schwalb' im Flug dich hasche!
Stelle dir kein Netz die Spinne!
Geh, im Duft der Blüten nasche
Und am Abend drein zerrinne!

Georg Britting

Dicke, braune Tiere summen

Dicke, braune Tiere summen
Auf und ab, um jeden Baum,
Flügellos, glanzheiß, und brummen
Wie aus einem Käfertraum.

Biene? Hummel? Fühlertier,
Panzerhart behaust?
Brauner Knospen Frühlingsgier
Tiergleich um die Stämme braust.

Richard Dehmel

Käferlied

Maiker, Maiker, surr,
bleib schön sitzen, burr!
Breite deine Fühler aus,
mach zwei kleine Fächer draus,
schwing sie kreuz und quer,
zähle mir was her!
Zähle, ich will mit dir zählen,
wieviel noch Minuten fehlen,
bis Herr Heuschreck wuppt
und mir auf die Nase huppt.
Maikäber, Maiker,
sonst holt dich der Deiker.

Johann Wolfgang von Goethe

Die Freuden

Da flattert um die Quelle
Die wechselnde Libelle,
Der Wasserpapillon,
Bald dunkel und bald helle
Wie ein Chamäleon;
Bald rot und blau, bald blau und grün,
O daß ich in der Nähe
Doch seine Farben sähe!

Da fliegt der Kleine vor mir hin
Und setzt sich auf die stillen Weiden.
Da hab' ich ihn, da hab' ich ihn!
Und nun betracht' ich ihn genau
Und seh' ein traurig dunkles Blau.

So geht es dir, Zergliedrer deiner Freuden!

Jan Wagner

chamäleon

älter als der bischofsstab,
den es hinter sich herzieht, die krümme
des schwanzes. komm herunter, rufen wir
ihm zu auf seinem ast, während die zunge
als teleskop herausschnellt, es das sternbild
einer libelle frißt: ein astronom
mit einem blick am himmel und dem andern
am boden – so wahrt es den abstand
zu beiden. die augenkuppeln, mit schuppen
gepanzert, eine festung, hinter der
nur die pupille sich bewegt, ein nervöses
flackern hinter der schießscharte (manchmal
findet man seine haut wie einen leeren
stützpunkt, eine längst geräumte these).
komm herunter, rufen wir. doch es regt
sich nicht, verschwindet langsam zwischen
den farben. es versteckt sich in der welt.

Wilhelm Busch

Die Schnecken

Rötlich dämmert es im Westen
Und der laute Tag verklingt,
Nur daß auf den höchsten Ästen
Lieblich noch die Drossel singt.

Jetzt in dichtbelaubten Hecken,
Wo es still verborgen blieb,
Rüstet sich das Volk der Schnecken
Für den nächtlichen Betrieb.

Tastend streckt sich ihr Gehörne.
Schwach nur ist das Augenlicht.
Dennoch schon aus weiter Ferne
Wittern sie ihr Leibgericht.

Schleimig, säumig, aber stete,
Immer auf dem nächsten Pfad,
Finden sie die Gartenbeete
Mit dem schönsten Kopfsalat.

Hier vereint zu ernsten Dingen,
Bis zum Morgensonnenschein,
Nagen sie geheim und dringen
Tief ins grüne Herz hinein.

Darum braucht die Köchin Jettchen
Dieses Kraut nie ohne Arg.
Sorgsam prüft sie jedes Blättchen,
Ob sich nichts darin verbarg.

Sie hat Furcht, den Zorn zu wecken
Ihres lieben gnädgen Herrn.
Kopfsalat, vermischt mit Schnecken,
Mag der alte Kerl nicht gern.

Emerenz Meier

Die Schnecke

Kleine Schnecke,
An der Hecke,
Spitzend aus des Häuschens Tor,
Sag ich dir mein Zaubersprüchlein
Aus der Kindheit Einfaltsbüchlein,
Streckst du gleich die Hörnchen vor.

Ich berühr' dich.
Und empfindlich
Fliehst du scheu ins enge Haus.
Sieh, da bin ich deinesgleichen;
Rohe Neugier macht mich weichen, –
Geh' nicht mehr aus mir heraus.

Paul Boldt

Junge Pferde

Wer die blühenden Wiesen kennt
Und die hingetragene Herde,
Die, das Maul am Winde, rennt:
Junge Pferde! Junge Pferde!

Über Gräben, Gräserstoppel
Und entlang den Rotdornhecken
Weht der Trab der scheuen Koppel,
Füchse, Braune, Schimmel, Schecken!

Junge Sommermorgen zogen
Weiß davon, sie wieherten.
Wolke warf den Blitz, sie flogen
Voll von Angst hin, galoppierten.

Selten graue Nüstern wittern,
Und dann nähern sie und nicken,
Ihre Augensterne zittern
In den engen Menschenblicken.

Hans Manz

Alpfrieden

Auf der Alp
kaut eine braune Kuh
kräftige, köstliche, kurze Kräuter.

Auf der Alp
kaut eine braune Kuh
kräftige, köstliche, kurze Kräuter.

Auf der Alp
kaut eine gefleckte Kuh
kräftige, köstliche, kurze Kräuter.

Auf der Alp
kaut eine gefleckte Kuh
kräftige, köstliche, kurze Kräuter.

Wiederkäuer!

Jan Wagner

nashorn

komm näher. seine augen sind zu stumpf,
um etwas zu erkennen außer schatten,
              dem geflimmer
von gras und hitze – und dem horn: ihm stampft
es hinterher wie schlafende dem finger

des hypnotiseurs. nicht eine wolke gleitet
über die ebene, während es trinkt,
zum nächsten schlammloch weiterzieht – gekleidet
in gleichmut, eine haut, die nichts durchdringt –,

sein tonnengrau durch die vergeß-
lichkeit von jahrmillionen schleppt, allein
mit jenem vogel: der buphagus,

den es auf seinem rücken balanciert
wie ein stück sèvresporzellan,
ein mokkatäßchen, überraschend zart.

Rainer Maria Rilke

Die Flamingos
Jardin des Plantes, Paris

In Spiegelbildern wie von Fragonard
ist doch von ihrem Weiß und ihrer Röte
nicht mehr gegeben, als dir einer böte,
wenn er von seiner Freundin sagt: sie war

noch sanft von Schlaf. Denn steigen sie ins Grüne
und stehn, auf rosa Stielen leicht gedreht,
beisammen, blühend, wie in einem Beet,
verführen sie verführender als Phryne

sich selber; bis sie ihres Auges Bleiche
hinhalsend bergen in der eignen Weiche,
in welcher Schwarz und Fruchtrot sich versteckt.

Auf einmal kreischt ein Neid durch die Volière;
sie aber haben sich erstaunt gestreckt
und schreiten einzeln ins Imaginäre.

Günter Eich

Tage mit Hähern

Der Häher wirft mir
die blaue Feder nicht zu.

In die Morgendämmerung kollern
die Eicheln seiner Schreie.
Ein bitteres Mehl, die Speise
des ganzen Tags.

Hinter dem roten Laub
hackt er mit hartem Schnabel
tagsüber die Nacht
aus Ästen und Baumfrüchten,
ein Tuch, das er über mich zieht.

Sein Flug gleicht dem Herzschlag.
Wo schläft er aber
und wem gleicht sein Schlaf?
Ungesehen liegt in der Finsternis
die Feder vor meinem Schuh.

Karl Krolow

Pfauenschrei

Das zarte Einerlei
Des Rosendickichts bebt,
Wenn kurzer Pfauenschrei
Wie grüne Wolke schwebt.

Ein zweiter. Und die Luft
Zerschneidet er wie Messer.
Sie schwankt, zerfällt als Duft
Der schilfigen Gewässer.

Unsichtbar steht der Ruf
Überm gestorbnen Winde,
Den sich die Stille schuf
Im Honigarm der Linde.

Unsichtbar wie die Pracht
Im Licht geschlagner Räder,
Von fremder Lust erdacht,
Blitz überm Staubgeäder.

Nur Schrei um Schrei. Das Blau
Des Gartenmittags zuckt
Zusammen: leichtes Grau,
Das in den Kies sich duckt.

Der schlimme Vogelton
Beherrscht das Rosenland,
Bildet als Echo schon
Sich aus vor grüner Wand,

Lebt zwiefach, wie aus Zorn
Geschaffen, da wie dort,
Zieht unterm bleichen Horn
Des Tagesmondes fort.

Maria Luise Weissmann

Die Katzen

Sie sind sehr kühl und biegsam, wenn sie schreiten,
Und ihre Leiber fließen sanft entlang.
Wenn sie die blumenhaften Füße breiten,
Schmiegt sich die Erde ihrem runden Gang.

Ihr Blick ist demuthaft und manchmal etwas irr.
Dann spinnen ihre Krallen fremde Fäden,
Aus Haar und Seide schmerzliches Gewirr,
Vor Kellerstufen und zerbrochnen Läden.

Im Abend sind sie groß und ganz entrückt,
Verzauberte auf nächtlich weißen Steinen.
In Schmerz und Wollust sehnsuchtskrank verzückt
Hörst du sie fern durch deine Nächte weinen.

Mario Wirz

Geschenk

Was ich denke
an einem Frühlingsmorgen
im Wald
hört
das Eichhörnchen
verwundert
klettert es
den Purzelbaum
rauf
runter
wieder hoch
und schenkt
mir
eine Kopfnuss

Arne Rautenberg

die eichhörnchen am reck

die eichhörnchen am reck
bewegen sich reichlich keck

sie springen auf die stange
und fackeln nicht erst lange

sie hocken auf und machen kippe
die ganze wilde eichhornsippe

nen umschwung gibt es – allerdings
gleich hundert mal und zwar mit links

ein einzigartig augenschwelgen:
die einarmigen riesenfelgen

und voll von rohem freudentaumel
verrichten sie den schweinebaumel

ach und erst ihr abgangssprung
ein formvollendet unterschwung

Stan Lafleur

der kleiber

aha-ha, der kla-, der kla-kleiber
kla-kletta-tat da am stamm kla-
klat-ter-tert der kleibe kleiner, ka-
keiner wa-wa-weisz woram, kopf-
üba-ba bam stamm-baum bam
& ko-ko-klopft ein lo-lo-loch &
hü-pü-püpft hek-tek-tisch der kla-
kleine kleiber, ma-ma-mann-o-
mann, das isn schräger fo-fo-
vogel

Ludwig Uhland

Die Lerchen

Welch ein Schwirren, welch ein Flug?
Sei willkommen, Lerchenzug!
Jene streift der Wiese Saum,
Diese rauschet durch den Baum.

Manche schwingt sich himmelan,
Jauchzend auf der lichten Bahn,
Eine, voll von Liedeslust,
Flattert hier, in meiner Brust.

Erika Burkart

Abflug der Stare
15. Okt. 2004

Überm Scheitel ein Brausen,
als käme ein Sturm auf,
unter Wolken reisend, mitreißend
die Stafette der Stare:
ein Schwarm von Pfeilen
horizontal das Ziel, eingeboren,
schußgenau
hinter den sieben Bergen.

Ich, atemberaubt,
schau ihnen nach,
die Finger verschränkt
zum leeren Nest,
indes sie, aus den Augen,
nicht mehr von dieser
Erde sind.

Mascha Kaléko

Die Fische

Wenn Fische reden könnten! Na, ich danke:
Man hörte von der Donau bis zur Panke
Statt Meeresstille und statt Wellenrauschen
Nur Muscheln tuscheln und Karauschen
        plauschen …
Jedoch (welch weise Fügung!), sie sind stumm.
– Was die Natur betrifft: die weiß, warum.

Christian Morgenstern

Fisches Nachtgesang

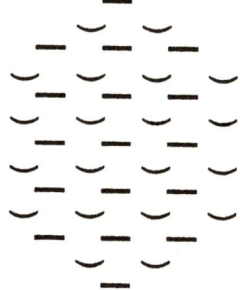

Der Goldfisch
im Gurkenglas

Wilhelm Busch

Es stand vor eines Hauses Tor
Ein Esel mit gespitztem Ohr,
Der käute sich ein Bündel Heu
Gedankenvoll und still entzwei. –

Nun kommen da und bleiben stehn
Der naseweisen Buben zween,
Die auch sogleich, indem sie lachen,
Verhaßte Redensarten machen,

Womit man denn bezwecken wollte,
Daß sich der Esel ärgern sollte. –

Doch dieser hocherfahrne Greis
Beschrieb nur einen halben Kreis,
Verhielt sich stumm und zeigte itzt
Die Seite, wo der Wedel sitzt.

Jan Wagner

grubenpferde

die grubenpferde wurden abgetragen
wie warme flöze. jeder tag nahm schichten
von ihnen fort. in stollen, förderschächten:
die grubenpferde wurden abgetragen.

wenn sie die ohren spitzen, hören sie
die rufe: grubenlampen, die zyklopen,
ihr kohlgeruch. tief in sich selbst das klopfen,
wenn sie die ohren spitzen, hören sie.

ein zuckerwürfel und ein büschel gras;
ein wind auf schwarzer wiese, wo ein hund
die bäume scheuen läßt. die kinderhand,
ein zuckerwürfel. und ein büschel gras.

Klabund

Weiße Mäuse

Er kaufte auf dem Jahrmarkt sich zwei weiße Mäuse
Und tat sie in ein gläsernes Gehäuse.
Nun machen sie Männchen, lecken ihre Pfoten
Und sehen dich mit ihren roten
Äuglein ein wenig melancholisch an
Und springen plötzlich auf – und dann
Beginnt ein tolles Laufen: die eine rechts herum,
            die andre links.
Und ihre feinen Stimmen pfeifen spitz, und klingts
Als splittre sich vom Glase jeder Ton,
Als wolle es den beiden
Im nächsten Augenblicke schon
Gelingen,
Mit ihrem schrillen Singen
Die Glaswand zu durchschneiden.

Rainer Maria Rilke

Der Panther
Im Jardin des Plantes, Paris

Sein Blick ist vom Vorübergehn der Stäbe
so müd geworden, daß er nichts mehr hält.
Ihm ist, als ob es tausend Stäbe gäbe
und hinter tausend Stäben keine Welt.

Der weiche Gang geschmeidig starker Schritte,
der sich im allerkleinsten Kreise dreht,
ist wie ein Tanz von Kraft um eine Mitte,
in der betäubt ein großer Wille steht.

Nur manchmal schiebt der Vorhang der Pupille
sich lautlos auf –. Dann geht ein Bild hinein,
geht durch der Glieder angespannte Stille –
und hört im Herzen auf zu sein.

Walle Sayer

Wolfsblick
Stuttgart, Naturkundemuseum, Schloß Rosenstein

Als wären die Fangeisen noch aufgestellt,
in die er nicht getappt ist, weggeschmolzen
die Eiszotteln an seinem Fell, kümmerliche
Fettreserven, wie ausgestopft mit Moos:
der Letzte seiner Art aus Württemberg,
erlegt durch einen Waldschütz aus Eibensbach,
der namentlich erwähnt ist, (eine Marginalie
auf der ersten Zeitungsseite vom 12.3.1847),
fünfzig gerissene Schafe, säumend den Rand
der verlorenen Fährte, die hier endet
in dieser grimmigen Wärme, wo er dasteht
mit geschliffner Starrheit seiner Glasaugen
und auf immer erwartet
den hallenden Schuß.

Bertolt Brecht

Lied der Starenschwärme

1

Wir sind aufgebrochen im Monat Oktober
In der Provinz Suiyuan
Wir sind rasch geflogen in südlicher Richtung,
      ohne abzuweichen
Durch vier Provinzen fünf Tage lang.
  Fliegt rascher, die Ebenen warten
  Die Kälte nimmt zu und
  Dort ist Wärme.

2

Wir sind aufgebrochen und waren achttausend
Aus der Provinz Suiyuan
Wir sind mehr geworden täglich um Tausende,
      je weiter wir kamen
Durch vier Provinzen fünf Tage lang.
  Fliegt rascher, die Ebenen warten
  Die Kälte nimmt zu und
  Dort ist Wärme.

3

Wir überfliegen jetzt die Ebene
In der Provinz Hunan
Wir sehen unter uns große Netze und wissen
Wohin wir geflogen sind fünf Tage lang:
    Die Ebenen haben gewartet
    Die Wärme nimmt zu und
    Der Tod ist uns sicher.

Joachim Ringelnatz

Pinguine

Auch die Pinguine ratschen, tratschen,
Klatschen, patschen, watscheln, latschen,
Tuscheln, kuscheln, tauchen, fauchen
Herdenweise, grüppchenweise
Mit Gevattern,
Pladdern, schnattern
Laut und leise.
Schnabel-Babelbabel-Schnack,
Seriöses, Skandalöses, Hiebe, Stiche.

Oben: Chemisette mit Frack.
Unten: lange, enge, hinderliche
Röcke. – Edelleute, Bürger, Pack,
Alte Weiber, Professoren.

Riesenvolk, in Schnee und Eis geboren.
Sie begrüßen herdenweise

Ersten Menschen, der sich leise
Ihnen naht. Weil sie sehr neugierig sind.
Und der erstgesehene Mensch ist neu.
Und Erfahrungslosigkeit starrt wie ein kleinstes Kind
Gierig staunend aus, jedoch nicht scheu.

Riesenvolk, in Schnee und Eis geboren,
Lebend in verschwiegener Bucht
In noch menschenfernem Lande.
Arktis-Expedition. – Revolverschuß –:
Und das Riesenvolk, die ganze Bande
Ergreift die Flucht.

Nikolaus Lenau

Naturbehagen

Der Seerab' hat ein gutes Leben!
So über'm Wasser hinzuschweben,
Wo lustig plätschern, zierlich kreisen,
Einladend, seine leckern Speisen.
Sein scharfes Auge weiß auf Strecken
Die feinsten Fischlein zu entdecken,
Sein treues Auge sieht bei Zeiten
Am Strand den Jäger lauernd schreiten,
Und plötzlich unter taucht der Rab',
Schwimmt unsichtbar vom Jäger ab,
Und taucht erst fröhlich wieder auf,
Wohin nicht reicht der Flintenlauf.
Sanft fällt des Jägers Schuß dort nieder,
Wie schlafergriffne Augenlider,
Den Augenlidern gleich des Raben,
Der nach genossnen Meeresgaben
Am sichern Fels, im Sonnenschein,
Beim Wellenmurmeln schlummert ein.

Ron Winkler

Meeresschwämme

ihre Kolonie wirkte von weitem wie eine
                Ansammlung
geballter Fäuste. Fische
zogen über sie hinweg: schlanke sprachlose
Formen. die Schwämme –
sie fühlten sich an wie die Handschuhe,
die wir trugen –
badeten noch nur für sich selbst.
ihr Inneres Anleitung für Reisen
zum Mittelpunkt der Welt.
wir berührten sie, als wären sie Mahnmale
gegen ihre Verwendung als Reinigungsgegenstand.
uns gefiel ihre niedliche Apathie.
so nahmen wir einige mit, unsere Evolution
mit ihnen zu teilen.

Gustav Falke

Gesang der Muscheln

Hier auf deinem Fensterbrette
durcheinander hingetan,
träumen wir vom Wiegenbette,
träumen wir vom Ozean.

Unter Algen, unter Moosen,
tief im Wald von Silbertang
lebten einen sehnsuchtslosen
Tag wir, tausend Jahre lang.

Oben die kristallne Wandung,
die uns von dem Himmel trennt,
und im Ohr den Ruf der Brandung,
die den Klippenwall berennt.

Dunkle Purpurrosen blühten
aus der Finsternis umher,
tausend Augen blitzten, glühten
gleich Demanten rings im Meer.

Und nun liegen wir und glänzen
hier auf deinem Fensterbrett,
deine grellen Blumen kränzen
unser hartes Totenbett.

Und in deinen Händen fühlen
wir dein heißes Blut mit Scham
Ach, als noch in ihre kühlen
Finger uns die Nixe nahm!

Ihre Silberflossen glitten
leise unsern Leib entlang,
und wir zitterten und litten,
lauschten ihrem Ferngesang.

Tauche du nur einmal nieder,
wo das Dunkel purpurn scheint,
schenktest uns der Welle wieder,
die um ihre Kinder weint.

Joachim Ringelnatz

Seepferdchen

Als ich noch ein Seepferdchen war,
Im vorigen Leben,
Wie war das wonnig, wunderbar
Unter Wasser zu schweben.
In den träumenden Fluten
Wogte, wie Güte, das Haar
Der zierlichsten aller Seestuten,
Die meine Geliebte war.
Wir senkten uns still oder stiegen,
Tanzten harmonisch um einand,
Ohne Arm, ohne Bein, ohne Hand,
Wie Wolken sich in Wolken wiegen.
Sie spielte manchmal graziöses Entfliehn,
Auf daß ich ihr folge, sie hasche,
Und legte mir einmal im Ansichziehn
Eierchen in die Tasche.
Sie blickte traurig und stellte sich froh,
Schnappte nach einem Wasserfloh,
Und ringelte sich
An einem Stengelchen fest und sprach so:
Ich liebe dich!

Du wieherst nicht, du äpfelst nicht,
Du trägst ein farbloses Panzerkleid
Und hast ein bekümmertes altes Gesicht,
Als wüßtest du um kommendes Leid.
Seestütchen! Schnörkelchen! Ringelnaß!
Wann war wohl das?
Und wer bedauert wohl später meine
                    restlichen Knochen?
Es ist beinahe so, daß ich weine –
Lollo hat das vertrocknete, kleine
Schmerzverkrümmte Seepferd zerbrochen.

Markus Breidenich

Delphinarium

Die blaue Haut wirft Falten zwischen den Wänden.
Dieses Meer ist alt geworden in seiner Zelle.
Verschwommen der Umriss tätowierter Delphine.
Noch aus Seemannstagen jenes Lächeln um den
Mund. Als ob es Freikarten gäbe. Für draußen.

Horst Samson

Bewerbung um die vakante
Stelle im Pelagos-Projekt

Mein Gehirn ist groß, ich interessiere mich für
        Frankreich.
Bin sehr begabt, ein exzellenter Springer,
        kann wundersam pfeifen, schwimmen
Und manches mehr. Ich habe in Filmen gespielt. Ich
        sehe weit und tiefer

Noch unter Wasser. Gerne kleide ich mich elegant,
        grundsätzlich
In abgestuftem Grau – heller unten und mit
        dunklem Cape. Ich unterscheide
Mich, geehrte Damen, werte Herrn,
        von allen anderen aus der Gruppe
Durch Linien, Felder und Farben reich an Kontrast.
        Man rühmt mir nach,

Ich sei der flinkste in den Wasserwelten und meine
        hohen Sprünge
Zierten die Glanzseiten teurer Magazine.
        Man kenne mich, berichtete
Ein Fotograf, auf allen Kontinenten und hält mich
        für sozial. Ich will's nicht
Leugnen, ich gebe zu, dass ich verletzte,
        kranke, sinnesschwere

Artgenossen selbstlos pflege. Ja, ich tue Gutes und bin
        auf Angriffe eingestellt.

Während die eine schläft, halte ich die zweite Hälfte
        des Gehirns hellwach
Und beide Augen schließe ich nie. Nähre redlich
        mich bevorzugt von Kalmaren,
Verschmähe Fische nicht und auch nicht
        Schalentiere. Ich helfe gerne, wo ich
        kann,
Nicht Göttern nur, wie Apollon, den einst an Land
        ich trug, oder Poseidon,
Dem ich half, die Hand der Meeresnymphe
        Amphitrite zu gewinnen,

Auch den mit Liedern reich gewordenen Sänger
        Arion von Lesbos zog ich
Ans Ufer und rettete ihn vor Gierigen,
        und sogar Autisten halte ich
Die Rückenflosse hin und ziehe sie – ihre Seele
        heilend – hinter mir her.

Wahr ist, ich kann kommunizieren,
        diese Bewerbung ist Beweis genug.
Dazu hab ich Empfehlungen, geehrte Damen,
        werte Herren,
für friedliches Orten von Seeminen – auch aus
        100 Meter Tiefe.
Ich bitte sie um Ihre Zuneigung. Über ein
        Vorstellungsgespräch würde ich mich
        freuen.

Christian Friedrich Daniel Schubart

Die Forelle

In einem Bächlein helle,
  Da schoß in froher Eil'
Die launige Forelle
  Vorüber wie ein Pfeil.
Ich stand an dem Gestade,
  Und sah in süßer Ruh'
Des muntern Fisches Bade
  Im klaren Bächlein zu.

Ein Fischer mit der Rute
  Wohl an dem Ufer stand,
Und sah's mit kaltem Blute,
  Wie sich das Fischlein wand.
So lang dem Wasser Helle,
  So dacht' ich, nicht gebricht,
So fängt er die Forelle
  Mit seiner Angel nicht.

Doch plötzlich war dem Diebe
  Die Zeit zu lang. Er macht
Das Bächlein tückisch trübe,
  Und eh' ich es gedacht,

So zuckte seine Rute,
    Das Fischlein zappelt dran,
Und ich mit regem Blute
    Sah die Betrogne an.

Die ihr am goldnen Quelle
    Der sichern Jugend weilt,
Denkt doch an die Forelle;
    Seht ihr Gefahr, so eilt!
Meist fehlt ihr nur aus Mangel
    Der Klugheit. Mädchen, seht
Verführer mit der Angel!
    Sonst blutet ihr zu spät.

Salli Sallmann

Der Goldfisch im Gurkenglas

Zuhause bemerkte ich die
Unruhe unter den Gurken.
Ich sah in das Glas
und entdeckte den Goldfisch.
Unsicher betrachteten wir uns.
Der Goldfisch im Gurkenglas
zuckte mit den Schultern.
Als wüßte er nicht Bescheid.
Ich überlegte, wie ich den
Goldfisch zu interpretieren hätte.
Verschiedene Erklärungsmuster
und Denkstrukturen ermöglichten
verschiedene Schlüsse:

Der Goldfisch im Gurkenglas
ergab keinen Sinn.
War er deshalb so normal?
In der Bewegungsmöglichkeit eingeschränkt,
zusammengesperrt mit Gurken,
mit Saurem zugeschüttet und
abgestellt in irgendein Regal.
Und wieso lebte er eigentlich?
Sollte ich ihn deshalb bedauern?

Der Goldfisch streichelte zwei vorübertreibende
Gurkenscheiben und küßte
zögerlich sein Spiegelbild.

Er genoß die Sicherheit
des Gurkenglases. Ich wußte:
Diese Sicherheit war relativ.
Die Ursachen für Goldfische
in Gurkengläsern erschienen
mir sehr zwiespältig.
Eines aber war sicher:
Er wurde hereingelegt.

Paul Maar

Verwurmter Apfel

Ein Wurm sucht sich 'nen Apfel aus
und sagt: »Der Apfel wird mein Haus!«
Dann kriecht er in den Apfel rein
und richtet seine Wohnung ein.
Den größten Teil macht er zum Klo.
(Das ist bei Würmern immer so.)

Jetzt sieht ein Mensch mit viel Vergnügen
den Apfel in der Wiese liegen.
Er freut sich sehr und ruft beglückt
– indem er sich zum Apfel bückt:
»Ein Apfel, ein ganz feiner.
Den ess ich, das ist meiner!«
Doch gleich drauf merkt der Mensch entsetzt:
Der Apfel ist ja schon besetzt.

Frantz Wittkamp

Die ehrlichen Hornissen,
sie haben, wie versprochen,
schon wieder nicht gebissen.
Sie haben nur gestochen.

Wilhelm Busch

Die Mücken

Dich freut die warme Sonne.
Du lebst im Monat Mai.
In deiner Regentonne
Da rührt sich allerlei.

Viel kleine Tierlein steigen
Bald auf-, bald niederwärts,
Und, was besonders eigen,
Sie atmen mit dem Sterz.

Noch sind sie ohne Tücken,
Rein kindlich ist ihr Sinn.
Bald aber sind sie Mücken
Und fliegen frei dahin.

Sie fliegen auf und nieder
Im Abendsonnenglanz
Und singen feine Lieder
Bei ihrem Hochzeitstanz.

Du gehst zu Bett um zehne,
Du hast zu schlafen vor,
Dann hörst du jene Töne
Ganz dicht an deinem Ohr.

Drückst du auch in die Kissen
Dein wertes Angesicht,
Dich wird zu finden wissen
Der Rüssel, welcher sticht.

Merkst du, daß er dich impfe,
So reib mit Salmiak
Und dreh dich um und schimpfe
Auf dieses Mückenpack.

August Heinrich Hoffmann von Fallersleben

Drohung

Sommertage,
Fliegenplage!
Die Fliegen, die dummen,
Die ekligen summen
Umher im Zimmer
Und stechen einen
An Händen und Beinen
Und ruhen nimmer.
Sie lecken und schlecken
An allen Ecken;
Sie nippen und naschen
Mit ihren Rüsseln
Aus Tassen und Flaschen,
Von Tellern und Schüsseln.
Und alles sie sehen,
Auf alles sie gehen,
An allem sie sitzen
Und alles beschmitzen:
Die Tisch' und die Bänke,
Die Wänd' und die Schränke,
Die Polster und Pfühle,
Die Sofa und Stühle,
Gardinen und Tücher
Und Bilder und Bücher

Und auch das schöne Fortepiano.
Ihr ekligen Fliegen,
Ich werd' euch kriegen!
Ihr alten dummen,
Sollt nimmermehr summen
Und stechen einen
An Händen und Beinen!

Hans Magnus Enzensberger

Zur Frage der Reinkarnation

Die Fliege stört mich.
Ich betrachte die Fliege,
beschreibe sie,
wie sie ihre Taster rührt,
die dreigliedrigen,
dicht gefiederten Fühler,
wie sie sucht, saugt, schöpft
mit den fleischigen Endlippen
ihres Rüssels. Die Flügel,
aschgrau geädert,
glänzend geschuppt,
flimmern im Licht.
Tarsen, Klauen, Borsten
zittern vor Energie.
Mit den zweimal viertausend Linsen
ihrer riesigen Augen
betrachtet sie mich.
Wie behaart sie ist!
Es stört sie nicht,
daß ich sie beschreibe.
Der anderen Fliege, hier,
auf meinem Tisch, im Bernstein,
die keinen von uns gestört hat,
gleicht sie aufs Haar, aufs Haar.

Wie ist sie zurückgekehrt,
nach aberhundert Millionen
Geschlechterfolgen?
Vollkommen unverändert vibriert
ihr schwarz gewürfelter Hinterleib.

Sie stört mich.
Ich verscheuche sie –
diese, nicht jene Fliege.

Bei ihrer nächsten Wiederkehr
wird niemand mehr dasein,
um zu beschreiben,
wie die Fliege der Fliege gleicht.
Es stört mich nicht,
daß kein Mensch dasein wird,
um sie zu verscheuchen.

Spatz komm,
ich füttre dich!

Markus Bundi

Totemtier

Gedankenlos wahrscheinlich
wünschte ich der Eintagsfliege
eine gute Nacht.

Seither ist sie verschwunden –
und dennoch: Ich bin
kein schlechter Mensch.

Frantz Wittkamp

Ich sorge mich um eine Fliege
in diesem Raum, in dem ich liege.
Seit Stunden höre ich mir an,
daß sie wie ich nicht schlafen kann.

Theodor Storm

Im Garten

Hüte, hüte den Fuß und die Hände,
Eh sie berühren das ärmste Ding!
Denn du zertrittst eine häßliche Raupe
Und tötest den schönsten Schmetterling.

Mario Wirz

Revanche

teile ich
jetzt und hier
meinen Apfel
mit dem Wurm
hat er mich
eines Tages
vielleicht
zum Fressen
gern

Christian Morgenstern

Möwenlied

Die Möwen sehen alle aus,
als ob sie Emma hießen.
Sie tragen einen weißen Flaus
und sind mit Schrot zu schießen.

Ich schieße keine Möwe tot,
ich laß sie lieber leben –
und füttre sie mit Roggenbrot
und rötlichen Zibeben.

O Mensch, du wirst nie nebenbei
der Möwe Flug erreichen.
Wofern du Emma heißest, sei
zufrieden, ihr zu gleichen.

Wilhelm Busch

Der Spatz

Ich bin ein armer Schreiber nur,
Hab weder Haus noch Acker,
Doch freut mich jede Kreatur,
Sogar der Spatz, der Racker.

Er baut von Federn, Haar und Stroh
Sein Nest geschwind und flüchtig,
Er denkt, die Sache geht schon so,
Die Schönheit ist nicht wichtig.

Wenn man den Hühnern Futter streut,
Gleich mengt er sich dazwischen,
Um schlau und voller Rührigkeit
Sein Körnlein zu erwischen.

Maikäfer liebt er ungemein,
Er weiß sie zu behandeln;
Er hackt die Flügel, zwackt das Bein
Und knackt sie auf wie Mandeln.

Im Kirschenbaum frißt er verschmitzt
Das Fleisch der Beeren gerne;
Dann hat, wer diesen Baum besitzt,
Nachher die schönsten Kerne.

Es fällt ein Schuß. Der Spatz entfleucht
Und ordnet sein Gefieder.
Für heute bleibt er weg vielleicht,
Doch morgen kommt er wieder.

Und ist es Winterzeit und hat's
Geschneit auf alle Dächer,
Verhungern tut kein rechter Spatz,
Er kennt im Dach die Löcher.

Ich rief: Spatz komm, ich füttre dich!
Er faßt mich scharf ins Auge.
Er scheint zu glauben, daß auch ich
Im Grunde nicht viel tauge.

Siegfried Völlger

bekanntschaft

diese krähen
jeden morgen
vier drähte voll

manchmal gehen einige
vor mir auf dem weg

vielleicht erwarten sie
daß ich mich zu ihnen
auf den draht setze

Silke Scheuermann

Der Kapitän und der Kakadu

Gleißendes Glück existiert
krächzt hüpft
hat Vogelbeine hält
seine Zunge zwischen Hornschnabelhälften

Wenn du entweder sehr leise sprichst oder singst
dann liebe ich es
dich zu verwechseln

wenn ich glücklich bin mit einem Storch
wenn es mir schlecht geht mit einem Geier
etwas das auf der Oberleitung hockt und
            auf mich runter schaut
wartet

unangenehmerweise schwindelfrei ist
einbeinig krächzend
seine eigene Insel besitzt
und niemanden an seinem Lagerfeuer duldet

Gabriele Trinckler

clara casanova

zwanzig jahre lang dachten wir du
wärst eine feine dame unter den
schildkröten bis unsere demente
oma dich mitten im winter mit den
klößen müllwärts entsorgte arme

clara wie hast du dich verändert
im neuköllner container wurdest
eilig wiedererweckt aus einem
mikrowinterschlaf durch zärtliche
massagen und warme bäder ein

türkisches hamam das heizte die
libido an dann fuhr ein gewisser
venezianer in deine schuppige haut
fortan bestiegst du voll inbrunst
füße in leder oder bar verteiltest

bisse wie küsse oder balanciertest
auf zwei krallenpfötchen um frech
nach übereinandergeschlagenen
frauenbeinen zu grabschen diese
bernsteinaugen brachen später

nüchterne veterinärherzen im
hohen kriechtieralter quälten dich
übliche geschwüre krötenkrebs
aber du zeigtest noch was
in dir steckt ein gepanzerter

verwandter wahrer lustmolche

Detlev von Liliencron

Der Kanarienvogel

Im einzelstehenden Arbeiterhaus
Müssen die Mieter schleunig hinaus:
Es zeigen sich plötzlich Risse und Spalten,
Mörtel und Kalk wollen nicht mehr halten,
Ein leises Knistern geht unheimlich los,
Die Einsturzgefahr wird riesengroß.
Die Bewohner können nichts mehr retten,
Alles bleibt drinnen, Möbel und Betten;
Kaum raffen sie noch ihr bißchen Geld,
Eh das Gebäude zersplittert, zerschellt.

Was fällt denn der alten Näherin ein?
Sie läuft noch einmal ins Haus hinein,
Um ihren Kanarienvogel zu holen.
Zurück! Schon poltern Gebälk und Bohlen,
Es lösen sich Fugen, Klammern und Schluß,
Daß der Bau krachend zerstäuben muß.
Stehn geblieben ist nur eine Wand,
Von unten bis oben; die widerstand.
Im vierten Stock hängt an der Mauer
Ein Kanarienvogel in seinem Bauer
Und jubelt und schmettert und trillert und singt,
Daß es frohlockend zum Himmel klingt.

Staub und Schuttwolke sind verflogen,
Die Frau ist aus den Trümmern gezogen,
Die treue Frau. Doch wie ein gefeiter
Singt oben und jubelt und tiriliert weiter
    Der kleine Kanarienvogel.

Theodor Storm

Von Katzen

Vergangnen Maitag brachte meine Katze
Zur Welt sechs allerliebste kleine Kätzchen,
Maikätzchen, alle weiß mit schwarzen Schwänzchen.
Fürwahr, es war ein zierlich Wochenbettchen!
Die Köchin aber – Köchinnen sind grausam,
Und Menschlichkeit wächst nicht in einer Küche –,
Die wollte von den sechsen fünf ertränken,
Fünf weiße, schwarzgeschwänzte Maienkätzchen
Ermorden wollte dies verruchte Weib.
Ich half ihr heim! – Der Himmel segne
Mir meine Menschlichkeit! Die lieben Kätzchen,
Sie wuchsen auf und schritten binnen kurzem
Erhobnen Schwanzes über Hof und Herd;
Ja, wie die Köchin auch ingrimmig dreinsah,
Sie wuchsen auf, und nachts vor ihrem Fenster
Probierten sie die allerliebsten Stimmchen.
Ich aber, wie ich sie so wachsen sahe,
Ich pries mich selbst und meine Menschlichkeit. –
Ein Jahr ist um, und Katzen sind die Kätzchen,
Und Maitag ist's! – Wie soll ich es beschreiben,
Das Schauspiel, das sich jetzt vor mir entfaltet!
Mein ganzes Haus, vom Keller bis zum Giebel,
Ein jeder Winkel ist ein Wochenbettchen!
Hier liegt das eine, dort das andre Kätzchen,

In Schränken, Körben, unter Tisch und Treppen,
Die Alte gar – nein, es ist unaussprechlich –
Liegt in der Köchin jungfräulichem Bette!
Und jede, jede von den sieben Katzen
Hat sieben, denkt euch! sieben junge Kätzchen,
Maikätzchen, alle weiß mit schwarzen Schwänzchen!
Die Köchin rast, ich kann der blinden Wut
Nicht Schranken setzen dieses Frauenzimmers;
Ersäufen will sie alle neunundvierzig!
Mir selber! ach, mir läuft der Kopf davon –
O Menschlichkeit, wie soll ich dich bewahren!
Was fang ich an mit sechsundfünfzig Katzen! –

Michael Krüger

Die Katze ist tot

Ich fand sie
neben der Mülltonne
steif
nach einem beweglichen Leben.

Seltsam,
sie lag auf dem Bauch
mit ausgestreckten Pfoten.

In dieser Haltung
hatte sie vor mir gelegen
wenn ich ihr vorlesen mußte.

Am liebsten
hörte sie alte Reiseberichte.
Die wahre Geschichte
von Oblomows Weltumseglung
zum Beispiel
kannte sie auswendig.
(Bekanntlich
hatte dieser zaristische Beamte
während der ganzen Fahrt
das Schiff nicht einmal verlassen.)
Das Fremde

zog ihn nicht an,
sagte ich ihr,
wenn sie nachts das Haus noch
verlassen wollte.
Oft
behandelte sie mich
wie ein Kind.

Aber wenn ich mich dann
wie ein Kind benahm
sträubte sich augenblicklich
ihr Fell.

Fehler, Nachlässigkeiten
korrigierte sie
höflich
mit einem Zittern der Schnurrhaare.

Jeder von uns
führte ein Doppelleben,
sie in der Nacht
ich tagsüber
das wir streng
voreinander verbargen.

Kürzlich erst
gab sie mir zu verstehen
mich in ihr fellwarmes Leben
einzuweihen

als Belobigung
für geduldiges Beobachten.
Nun starb sie
in der Haltung des Zuhörens.

Und ich fühle mich
als das Opfer.

Christian Morgenstern

Schnauz und Miez

Ri ra rumpelstiez –
wo ist der Schnauz? Wo ist die Miez?

Der Schnauz, der liegt am Ofen
und leckt sich seine Pfoten.

Die Miez – die sitzt am Fenster
und wäscht sich ihren Spenzer.

Rumpeldipumpel schnaufeschnauf –
da kommt die Frau die Treppe rauf.

Was bringt die Frau dem Kätzchen?
Einen Knäul, einen Knäul, mein Schätzchen!

Einen Knäul aus grauem Wollenflaus,
der aussieht wie eine kleine Maus.

Was bringt die Frau dem Hündchen?
Ein Halsband, mein Kindchen!

Ein Halsband von besondrer Art,
auf welchem steht: Schnauz Schnauzebart.

Ri ra rumpeldidaus –
und damit ist die Geschichte aus.

Anton G. Leitner

Mittelschnauzerin

Nelly, Salz und
Pfeffer

Streuen die
Streunenden

Fährten
Am Boden

Aufgeblätterte
Bücher, Radar

Nase kreist
Immer um Nasen

Längen voraus
Zieht

Kreuz und
Quer an der

Leine der Arm
Wird länger

Und lange
Hält es Maul

Wurf Trüffel
Nicht mehr

Im Bau
Verkrümmt sich

Eine arme
Feldmaus

Heute Hasen
Parfüm verduftet

Sogar ein Eich-
Hörnchen

Happen nach
Oben und du

Ihm nach
Mit einem Affen

Zahn: Weibchen
Macht Männchen

Bitte, bitte komm
Runter vom Baum

Schreit der Häher
Verzieht euch

Aber die Welt
Bleibt gespeichert als

Summe von Gerüchen
Während der ganze

Leib zittert höre ich
Meine Stimme

Nelly komm
Jetzt endlich bei

Fuß.

Ulrike Draesner

greife ich nach meinem hund wird sie
manchmal knochenlos
in meinem arm.
            sie findet die stellen an
meinem körper die nachgeben.

dort geht es in mich hinein. augen
hände bestimmte flecken
am bauch. männer
            fanden sie nie. sogar
an der schulter spricht sie mit
mir.

            ihre augen sind
dunkel mit einem weißen
rand, nur selten zu sehen

schmal wie ein
            gänseblumblatt
das eine, das übrig blieb
beim liebe ab

zählen

Barthold Heinrich Brockes

Hans und Mops

Hans stund des Morgens auf, und Mops, sein Hund,
        zugleich:
Hans zog die Kleider an, reckt' seinen Arm,
        und gähnte;
Mops reckte, schüttelt' sich, und dehnte
Nicht minder alle vier': Geback'nen weissen Teig
Aß Hans; da Mops nur bloß vom schwarzen
        Brote fraß.
Mops trank das Wasser roh, und Hans gekochtes
        Naß.
Hans ging darauf ins Feld; Mops gleichfalls. Hans
        beschritte
Ein Pferd; Mops aber nicht: Er lief, und jener ritte,
Bis daß der Mittag sie nach Hause wieder rief.
Hans aß; Mops ebenfalls. Wie Hans ein wenig schlief,
Schlief Mops nicht weniger. Das schöne
        Sonnen-Licht
Ward nicht von Hans beschaut, von Mops
        imgleichen nicht.
Daß in der Frühlings-Zeit die Kreatur so schön,
Hat weder Hans noch Mops bemerkt und angesehn.

Sie machten sich daraus nicht die geringste Freude.
Durch wenig viel gesagt: Sie schlief- und wachten
                    beide;
Sie tranken beide Naß; Sie aßen beide Brot;
Es lebten Hans und Mops; Jetzt sind sie beide tot.

Anna Breitenbach

der nachmittag

wie er mir den apfel herbringt
so schnell er nur kann

wie er den apfel nicht kleinkracht
daß der apfelsaft spritzt
wie er ihn vorsichtig bringt
als gäbe es nur diesen einen
noch auf der ganzen wiesenwelt

wie er rennt und bringt
die hundeaugen leuchten

wie er weiß wir haben
nur den einen nachmittag noch
in seinem hundeleben
und ich weiß es auch

Christian Morgenstern

Bergziegen

Vor dem Abendhimmel gehen
längs der Felsen schärfsten Kanten
ein – (da bin ich schon gesehen!)
Bock und seine Geißtrabanten.

Und nun spähen sie herunter,
stehen, wie aus Stein geschnitten …
Aber blitzschnell sind sie munter,
bin ich meines Wegs geschritten!

Und in weiten Sätzen eilt die
Herde, mich ins Dorf zu bringen:
bleib ich stehen, so verweilt sie,
geh ich, hör ich's wieder springen.

Endlich sprech ich Donnerstrophen,
wende mich an ihre Bärte:
»Laßt des Philosophen Fährte!
Seid doch selber Philosophen!«

Feierlich und fragend schauen
lang wir einer auf den andern …
Und mit hochgezognen Brauen
lassen sie mich schließlich wandern.

Theodor Storm

Aus der Marsch

Der Ochse frißt das feine Gras
Und läßt die groben Halme stehen;
Der Bauer schreitet hinterdrein
Und fängt bedächtig an zu mähen.

Und auf dem Stall zur Winterszeit,
Wie wacker steht der Ochs zu kauen!
Was er als grünes Gras verschmäht,
Das muß er nun als Heu verdauen.

Markus Bundi

Tugend

Die Kuh hat es nicht eilig, mitten auf der Wiese
senkt sie den Kopf in eine Badewanne, trinkt
oder auch nicht. Dann hebt sie den Kopf,
        und die Kuh
steht auf der Wiese, wie sie zuvor dagestanden hat.

Seelenruhig frißt sie, das Gras läuft ihr nicht weg
wie auch sie nicht weglaufen wird:
        Dafür ist die Kuh da.
Manchmal hebt sie den Schwanz, scheißt auf die
        Wiese –
und dann geht sie einige Schritte aus Scham.

Die Kuh aber ist heilig, denn sie macht Milch aus
        Gras.
Im Tanz der Fliegen sonnt sie ihr Euter,
        hält leise wieder-
käuend Ausschau, bis der alte Bauer kommt,
        sie anzapft
und erleichtert: für das nächsttägliche Wunder.

Als einst der Löwe
Hochzeit machte

Joachim Ringelnatz

Die Feder

Ein Federchen flog über Land;
Ein Nilpferd schlummerte im Sand.

Die Feder sprach:»Ich will es wecken«;
Sie liebte, andere zu necken.

Aufs Nilpferd setzte sich die Feder
Und streichelte sein dickes Leder.

Das Nilpferd öffnete den Rachen
Und mußte ungeheuer lachen.

Mascha Kaléko

Kaka-du und Kaka-sie

Ein schwerverliebter Kakadu
Hat hier sein erstes Rendezvous
Mit einer grünen Kaka-Duse.
– Er nennt sie eine Pampel-Muse.
Sie ist nicht spröde, ihrerseits.
Man kakaduzt sich auch bereits.
Und übers Jahr wird ein Terzett
Aus diesem Kakadu-Duett.

Paul Maar

Das Pinguin-Lied

Sieht ein Pinguin-Mann
eine Pinguin-Frau,
dann watschelt er hin
und dann guckt er genau.

Sieht die Pinguin-Frau
einen Pinguin-Mann,
dann watschelt sie hin
und dann spricht sie ihn an:

»Es ist kalt am Pol,
es ist kalt auf dem Eis,
komm näher zu mir,
dann wird es uns heiß.
Noch näher,
dann wird es uns heiß!

Und später, mein Schatz,
da schenk ich uns zwei
ein niedliches, feines,
ein rundliches, kleines,
ein prachtvolles Pinguin-Ei!«

Margarete Heiß

grüner Abend
Frosch concerti
trägt eine goldene Krone einer
küßt
küßt grün

Friedrich von Hagedorn

Die Natter

Als einst der Löwe Hochzeit machte,
Kroch zu der neuen Königin,
Auch eine kleine Natter hin,
Die zum Geschenk die schönste Rose brachte.
Doch jene weist sie ab, und spricht:
Ich nehme Rosen an; allein von Nattern nicht.

Joseph Viktor von Scheffel

Eine traurige Geschichte

Ein Hering liebt eine Auster
Im kühlen Meeresgrund;
Es war sein Dichten und Trachten
Ein Kuß von ihrem Mund.

Die Auster, die war spröde,
Sie blieb in ihrem Haus;
Ob der Hering sang und seufzte,
Sie schaute nicht heraus.

Nur eines Tags erschloß sie
Ihr duftig Schalenpaar;
Sie wollt' im Meeresspiegel
Beschauen ihr Antlitz klar.

Schnell kam der Hering geschwommen,
Streckt seinen Kopf herein
Und dacht an einem Kusse
In Ehren sich zu freu'n!

O Harung, armer Harung,
Wie schwer bist du blamiert!
– Sie schloß in Wut die Schalen,
Da war er guillotiniert.

Jetzt schwamm sein toter Leichnam
Wehmütig im grünen Meer
Und dacht:»In meinem *Leben*
Lieb' ich keine Auster mehr!«

Alex Dreppec

Zöcken

Es gibt in der Märchen- und Fabelwelt,
wohl, weil das besonders den Kindern gefällt,
in großer Zahl Tiere mit menschlichen Zügen.
Warum sich mit dem schon Bekannten begnügen?
Wie andere Maja und Nemo schufen,
will ich Fabeltiere ins Leben rufen
und so etwas Neues zu Leben erwecken.
Ich wähle als mein neues Fabeltier: Zecken.
Noch etwas konkreter: Zeckenzicken
sollen das Fabelwelt-Licht erblicken,
also weibliche Zecken, die unerschrocken
gelegentlich mit Zeckenböcken zocken.
Ich gebe den Zecken als Waffe zwei Zacken,
mit denen sie manchmal die Böcke zwacken.

Doch wird es die Böcke nicht etwas bedrücken,
dass beim Zocken Zeckenzicken Zacken zücken?
Werden die Böcke sich nicht vor Schrecken
                    verschlucken
– oder wegen Zacken zückender Zocker-
                    zickenzecken zucken?
Oder werden sie einfach die Koffer packen
und flüchten vor den Zockerzeckenzickenzacken?

Wird ihnen die Flucht schließlich auch glücken
vor dem Zockerzeckenzickenzackenzücken?
Werden sie sich wenigstens rechtzeitig ducken
vor lauter Zockerzeckenzickenzackenzückenzucken?

Warum sind überhaupt in dem Text
       namens »Zöcken«
die Zecken so garstig zu Zeckenböcken?
Sie soll'n sich die Zacken doch sonstwohin stecken,
die zänkischen, zeternden, zotigen, zündelnden,
die Zacken zückenden Zockerzickenzecken.

Christian Morgenstern

Der Werwolf

Ein Werwolf eines Nachts entwich
von Weib und Kind und sich begab
an eines Dorfschullehrers Grab
und bat ihn: »Bitte, beuge mich!«

Der Dorfschulmeister stieg hinauf
auf seines Blechschilds Messingknauf
und sprach zum Wolf, der seine Pfoten
geduldig kreuzte vor dem Toten:

»Der Werwolf«, sprach der gute Mann,
»des Weswolfs, Genitiv sodann,
dem Wemwolf, Dativ, wie mans nennt,
den Wenwolf, – damit hats ein End.«

Dem Werwolf schmeichelten die Fälle,
er rollte seine Augenbälle.
»Indessen«, bat er, »füge doch
zur Einzahl auch die Mehrzahl noch!«

Der Dorfschulmeister aber mußte
gestehn, daß er von ihr nichts wußte.
Zwar Wölfe gäbs in großer Schar,
doch ›Wer‹ gäbs nur im Singular.

Der Wolf erhob sich tränenblind –
er hatte ja doch Weib und Kind!
Doch da er kein Gelehrter eben,
so schied er dankend und ergeben.

Yaak Karsunke

Das Zebra

Eins wird das Zebra nie begreifen:
Wie kommt man übern Zebrastreifen?
Es bleibt am Straßenrande stehen
& ist dort stundenlang zu sehn –
bis sein Anblick jemand rührt
ders dann übern Fahrdamm führt.

Angela Sommer-Bodenburg

Der Maulwurf

Ich habe lange Jahre
Gänge gegraben
immer ferner vom Licht

bis mir ein Pelz wuchs
vom Kopf zu den Zehen
die Finger sich krümmten
zu Krallen

Jetzt aber
während ich
langsam erblinde

fühle ich Sehnsucht
nach Licht

Franz Grillparzer

Diplomatischer Rat

Ein Marder fraß die Hühner gern,
Doch wußt er nicht, wie sie erhaschen;
Er fragt den Fuchs, 'nen alten Herrn,
Dem Steifheit schon verbot das Naschen.
Der sagt ihm: »Freund, der Rat ist alt,
Was hilft zu zögern, brauch Gewalt!«
Der Marder stürmt in vollem Lauf,
Die Hühner aber flattern auf,
Die eine gackernd, kreischend jene,
Gerade in des Fuchses Zähne,
Der gegenüber lauernd lag
Und mühlos hielt den Erntetag.

Wenn du nach Hühnern lüstern bist,
Frag keinen, der sie selbst gern frißt.

Wilhelm Busch

Es sitzt ein Vogel auf dem Leim,
Er flattert sehr und kann nicht heim.
Ein schwarzer Kater schleicht herzu,
Die Krallen scharf, die Augen gluh.
Am Baum hinauf und immer höher
Kommt er dem armen Vogel näher.

Der Vogel denkt: Weil das so ist
Und weil mich doch der Kater frißt,
So will ich keine Zeit verlieren,
Will noch ein wenig quinquilieren
Und lustig pfeifen wie zuvor.
Der Vogel, scheint mir, hat Humor.

Rainer Maria Rilke

Papageien-Park
Jardin des Plantes, Paris

Unter türkischen Linden, die blühen, an Rasenrändern,
an Rasenrändern,
in leise von ihrem Heimweh geschaukelten Ständern
atmen die Ara und wissen von ihren Ländern,
die sich, auch wenn sie nicht hinsehn,
nicht verändern.

Fremd im beschäftigten Grünen wie eine Parade,
zieren sie sich und fühlen sich selber zu schade,
und mit den kostbaren Schnäbeln aus Jaspis und Jade
kauen sie Graues, verschleudern es, finden es fade.

Unten klauben die duffen Tauben, was sie nicht
mögen,
während sich oben die höhnischen Vögel verbeugen
zwischen den beiden fast leeren vergeudeten Trögen.

Aber dann wiegen sie wieder und schläfern und
äugen,
spielen mit dunkelen Zungen, die gerne lögen,
zerstreut an den Fußfesselringen. Warten auf
Zeugen.

Friedrich von Hagedorn

Die Eulen

Der Uhu, der Kauz und zwo Eulen
Beklagten erbärmlich ihr Leid:
Wir singen; doch heißt es, wir heulen:
So grausam belügt uns der Neid.
Wir hören der Nachtigall Proben,
Und weichen an Stimme nicht ihr.
Wir selber, wir müssen uns loben:
Es lobt uns ja keiner, als wir.

Barbara Seeberg

Hummelflug

Schluss mit dem Schlummer ich trolle
mich aus dem molligen Bau
ich runder ich haariger Pummel
in rot-schwarzer Wolle.

Ich Bombus hortorum
ich Hummel bomborum
mit bombastischem Ton
zum Rhododendron.

Nur brummen und summen
und schunkeln im Dunkeln
von Blumen und Laub
und kosten den Staub.

Plump plumpsen in Rosen
und baden in Pollen
und rollen und kosen
mit tollen Kumpanen.

Doch nicht mit der ollen
Schmarotzerhummel!
Mit Bombus agrorum
gibts nur Gebrummel.

An Blüten gebaumelt
gestoßen getaumelt
rumms brumms genug
beim Nektarsammeln

surr schnurriburr
sumsen und schrammeln
den Hummelflugkanon
von Rrr-imski Korrr-sakow.

Peter Maiwald

Die Muscheln

Sie tuscheln
und kuscheln
sie nuscheln
und fuscheln
sie huscheln
und puscheln
sie gruscheln
und buscheln
sie luscheln
und wuscheln
sie duscheln
und guscheln

und finden sie
keinen Reim
muscheln sie
heim.

Joachim Ringelnatz

Übergewicht

Es stand nach einem Schiffsuntergange
Eine Briefwaage auf dem Meeresgrund.
Ein Walfisch betrachtete sie bange,
Beroch sie dann lange,
Hielt sie für ungesund,
Ließ alle Achtung und Luft aus dem Leibe,
Senkte sich auf die Wiegescheibe
Und sah – nach unten schielend – verwundert:
Die Waage zeigte über Hundert.

Joseph Viktor von Scheffel

Der Ichthyosaurus

Es rauscht in den Schachtelhalmen,
Verdächtig leuchtet das Meer,
Da schwimmt mit Tränen im Auge
Ein Ichthyosaurus daher.

Ihn jammert der Zeiten Verderbnis,
Denn ein sehr bedenklicher Ton
War neuerlich eingerissen
In der Liasformation.

»Der Plesiosaurus, der Alte,
Er jubelt in Saus und Braus,
Der Pterodactylus selber
Flog neulich betrunken nach Haus.

»Der Iguanodon, der Lümmel,
Wird frecher zu jeglicher Frist,
Schon hat er am hellen Tage
Die Ichthyosaura geküßt.

»Mir ahnt eine Weltkatastrophe,
So kann es ja länger nicht geh'n;
Was soll aus dem Lias noch werden,
Wenn solche Dinge gescheh'n?«

So klagte der Ichthyosaurus,
Da ward es ihm kreidig zu Mut;
Sein letzter Seufzer verhallte
Im Qualmen und Zischen der Flut.

Es starb zu derselbigen Stunde
Die ganze Saurierei,
Sie kamen zu tief in die Kreide,
Da war es natürlich vorbei.

Und der uns hat gesungen
Dies petrefaktische Lied,
Der fand's als fossiles Albumblatt
Auf einem Koprolith.

Peter Maiwald

Der Wurm und die Ratte

Hoch vom Bücherturm
sah der Bücherwurm
eine Leseratte
die kein Buch mithatte.

Leseratte, warte!
Ich hab eine Schwarte
tausend Seiten lang.
Achtung! Fertig! Fang!

Danke, lieber Wurm
auf dem Bücherturm
rief die Leseratte
die ein Buch nun hatte.

Nachwort

In der vorliegenden Gedichtsammlung schlagen fünf-
undfünfzig deutschsprachige Lyrikerinnen und Lyri-
ker vom Barock bis zur Gegenwart poetische Brücken
zur Tierwelt. Es wird geschnurrt, geknurrt, quinqui-
liert und tiriliert. Einundachtzig Gedichte für Tier-
freunde präsentieren unsere irdischen Mitbewohner
in Fell oder Gefieder, mal schuppig, mal stachelig, mit
Haus oder Panzer. Alles lebt und regt sich zu Land, zu
Wasser und in der Luft.

Wenn Dichter Tiere beobachten, kann die Beschrei-
bung wohlwollend sein, aber auch kritisch oder
nüchtern. Johann Wolfgang von Goethe erfreut sich
an den schillernden Farben der Libelle, Friedrich Rü-
ckert wünscht der Eintagsfliege ein langes Leben, und
Karl Krolow beunruhigt ein unsichtbarer »Pfauen-
schrei«. »Welch ein Schwirren, welch ein Flug?«, ruft
Ludwig Uhland angesichts eines Lerchenzugs aus.
»Manche schwingt sich himmelan, jauchzend auf der
lichten Bahn.« Das Nashorn hingegen stampft seinem
Horn hinterher »wie schlafende dem finger des hyp-
notiseurs«, bemerkt Jan Wagner. Und während »Mu-
scheln tuscheln und Karauschen plauschen« (Mascha
Kaléko), bleibt des »Fisches Nachtgesang« Morgen-
sterns stiller Hörgenuss.

Nicht immer sind die Beziehungen zwischen Mensch und Tier unbeschwert. Während Rilkes »Panther« in seinem Käfig nur »tausend Stäbe« sieht, droht Brechts Starenschwärmen ein Ende in den Netzen der Vogelfänger. Selbst die »Pinguine« von Ringelnatz sind in der Antarktis vor Jägern nicht sicher. Eloquent bewirbt sich ein Delphin »um die vakante Stelle« im mediterranen Meeresschutzgebiet (Horst Samson).

Bisweilen ist aber auch der Mensch selbst bedroht. Schwärme von Mücken, Fliegen und Hornissen können zur Plage werden. Hans Magnus Enzensberger weist nüchtern darauf hin, dass eines Tages vielleicht »kein Mensch dasein wird, um sie zu verscheuchen«. Denn die Evolution schreitet fort und unterscheidet dabei nicht zwischen Mensch und Tier.

Für viele von uns ist das Zusammenleben mit Tieren mehr als ein unsentimentales Nebeneinander von Organismen. Wir empfinden Mitgefühl und hegen den Wunsch nach Annäherung. »Ich sorge mich um eine Fliege«, bekennt Frantz Wittkamp, während Wilhelm Busch lockt: »Spatz komm, ich füttre dich!« Hund, Katze, Schildkröte und andere begleiten den Menschen als Haustier. »Greife ich nach meinem hund wird sie manchmal knochenlos in meinem arm. sie findet die stellen an meinem körper die nachgeben«, beschreibt Ulrike Draesner diese besondere Art der Vertrautheit. Manch einer riskiert sogar sein Le-

ben, um den geliebten Kanarienvogel, wie bei Lilien-
cron, aus einem einstürzenden Haus zu befreien.

Die Versuchung ist groß, Tiere zu vermenschlichen
oder Menschen tierische Attribute zuzuschreiben. So
überschreiten wir die Grenze zum Reich der Fabel,
wo »einst der Löwe Hochzeit machte« (Friedrich von
Hagedorn). Da kann sich schon mal ein Kakadu un-
sterblich in eine »grüne Kaka-Duse« verlieben. Und
wenn sich das Pärchen erst »kakaduzt«, wird vielleicht
schon bald »ein Terzett aus diesem Kakadu-Duett«
(Mascha Kaléko). Weniger Glück in der Liebe haben
bekanntlich »Zeckenböcke«, wie Alex Dreppec weiß,
denn »die Zacken zückenden Zockerzickenzecken«
sind zänkisch. Sie zetern und zwacken für ihr Leben
gern. Da fühlt man sich schnell einmal wie »ein Vogel
auf dem Leim« (Wilhelm Busch). Glücklich, wer
Auge in Auge mit einem hungrigen Kater seinen
Sinn für Humor nicht verliert.

Anton G. Leitner und Gabriele Trinckler
Weßling und München im Frühjahr 2009

Quellennachweis

Paul Boldt (1885–1921)
Junge Pferde 19
In: Junge Pferde! Junge Pferde! Leipzig 1914

Bertolt Brecht (1898–1956)
Lied der Starenschwärme 42
In: Werke. Große kommentierte Berliner und Frankfurter
Ausgabe, Band 12, Gedichte 2.
© Suhrkamp Verlag Frankfurt am Main 1989

Markus Breidenich (*1972)
Delphinarium 52
In: Zurück zu den Flossen. Wasser. Gedichte.
Herausgegeben von Gabriele Trinckler. Nördlingen 2008
(Poesie 21). © Markus Breidenich, München

Anna Breitenbach (*1952)
der nachmittag 96
Originalbeitrag. © Hilga Wesle, Esslingen und Elmo (Italien)

Georg Britting (1891–1964)
Dicke, braune Tiere summen 12
In: Sämtliche Werke. © Georg-Britting-Stiftung 2008

Barthold Heinrich Brockes (1680–1747)
Hans und Mops 94
In: Irdisches Vergnügen in Gott. Fünfter Teil. Hamburg 1736

Herausgegeben von Anton G. Leitner. Weßling 2006.
© Walle Sayer, Horb-Dettingen